JN439467

하늘 향해

박혜자 시집

계간문예

하늘 향해

| 시인의 말 |

나는 꽃 중에서도 들꽃을 좋아한다.
우주의 질서와 섭리에 순응하는
들꽃의 낮은 자세가 좋다.

작은 것에서 행복을 얻고
작은 것에서 기쁨을 얻고
작은 것에서 큰 것을 느낄 수 있는
겸손한 상상력으로
좋은 시를 썼으면 좋겠다.

부족한 나의 시가
들꽃처럼
착한 노래가 되길 바라는 마음이다.

2020년 3월

박혜자

| 서문 |

박혜자의 시세계
— 그리움의 미학

벽운 김창종(수필가)

한국에 시인은 많다. 그러나 문협 단체장이 '문학개론 한 번쯤 읽고 문단에 나오라.' 고 기관지 서문에 피력할 만큼 평범한 시인이 차고 넘친다. 문인들의 질이 퇴락했다는 증거다. 원로 시인 정광수는 "사이비 시인이나 문단인이 많을수록 우수한 작품은 더욱 빛나고 가치가 있다." 고 피력한다. 1만 3천여 명의 등록 문인 중에는 감투에 눈이 먼 원로에서부터 '공부하지 않고 남이 작품을 쓰니까 나도 쓴다' 는 식의 문단 경시 풍조가 만연한 세상이 됐다. 박혜자 시인같이 아침 이슬이 풀잎에 맺혀 해님의 섭리를 빛내는 시를 창작해내는 솜씨는 중견 시인의 경지에 이른 듯 잔잔한 감동을 준다.

빗속을 거닐며
사랑을 노래한다
애써 감추려는
눈시울이 있고
못내 담고픈
그리움이 있다

도무지 알 수 없는 것은
비를 좋아하고
그리워하는 것이다
물 위를 걷는 것처럼
누구를 사랑한다는 것
기막히게 슬픈 일이다
홀로 간직 할 수밖에 없는 그리움
그리워하는 것만으로도 행복하다

— 〈사랑을 노래한다〉 전문

리듬, 구성, 묘사(시어), 여운 등 시문의 요소를 갖추어 창작시를 쓰기란 어려운 것이다. 문단의 거성이었던 서정주 님의 '국화 옆에서' 를 읊노라면 창작의 산고를 가슴 깊이 느끼게 된다. 원고지 3장이면 족할 것을 10여 장을 써서 시의 기본을 망각한 시가 있는가 하면, 수필인지 시인지 모를 서사시를 서정시라고 내놓는 시인이 넘치는 세상이 됐다. 은유나 비유를 적절히 구사하지 못하고 감동을 주지 못하는 난해시를 내놓는 시인들이 문요文妖 소리를 들으며 엄연히 존재하는 세상이 됐다. 박혜자 시인의 청초하고 '그리움의 미학' 을 노래한 시를 읊노라면 연꽃의 아름다움을 발견한 아침같이 가슴 속 깊이 감동이 뭉클함을 느낀다. 박혜자 시인처럼 고향 사람의 시가 많이 창작되어 각 건물에 걸렸으면 좋겠다는 생각이다. 포천문인협회 회원들의 주옥같은 시와 함께 말이다.

■ 차례

제1부 사랑을 노래한다

제2부 하늘 향해

제3부 기다림

제4부 들꽃 향기

제5부 내가 할 수 있는 것은

제6부 작은 행복

제1부

사랑을 노래한다

비 오는 날

겨울비가 내린다

비를 유난히 좋아하던 나
부질없이 한숨지으며
거리로 나서보지만
떠돌이 마음 스산하고
방랑자를 닮았다

바람이 전하는 말은
그리움뿐이다
비 오는 날,
하늘 한 번 쳐다보고
집을 나선다

비 개인 오후는
일렁이는 마음의
시절인연 끈을 새삼 되새기며
어제도 오늘도 마음을 접는다

어머니, 보고 싶습니다

어머니, 생전의 모습 아련합니다

내 살갗에 느끼는
따뜻하고 촉촉한 느낌
꿈속에서라도 만나고 싶고
눈 감아도 그려지질 않습니다
매년 정월이 오면
더욱 그리워지는 어머니
길을 걷다 보면 거북등에
지팡이 들고 힘겨워 하시는
지나가는 노인의 모습
머지않은 날의 내 모습이라고
생각하니 눈물이 납니다
얼마나 외롭고 고독하셨어요
진정, 어머니는 저의 스승이셨습니다
어머니, 보고 싶습니다

자화상

오물이 숨겨져 있다

순수의 아픔이다
향기는 소멸하고
아픈 흔적으로 남는다

어떻게 저렇게 과대 포장 할 수 있을까

안쓰럽고
비겁하고
유치하다

교묘하게 지껄임의 장단 맞춤
지금의 비극이다

남몰래 내다버린 양심의 이중 잣대
진실은 어느새 왜곡 당하고
곤혹스럽다

칼바람 냉기로 가득 찬

겨울의
희망의 메시지가
인간의 진솔한 향기로
살아 숨쉬기를 소망한다

둘러대기 능한
허구의 웃음은 진실을 고갈시킨다

못다 한 사랑

기억 속 아름다운 것들이 부르면
마음이 흔들린다
지난날들을 가슴에 물들이며
정이 넘치는 대화에
지나간 시간을 붙든다
방패막이 되어주던
네가 보고 싶다
미래가 아득한 것처럼
가야할 발자국을 설계한다
평온한 일상에 늘어나는 나이
세월의 향기와 스치는 바람
허공을 휘젓는 공허함의 영혼
길을 잃은 채 서성인다

못다 한 사랑 전하면서

욕망의 언덕

세상은 욕망의
화답을 일삼아 살아간다

봄의 대지는
생명의 고요한 합성이다

개천에는
버들개지도 떼 지어 피어나고
바람이 모여 합창한다

세상 구석구석은 욕망 덩어리
자연은 탄생과 죽음

계절 따라 꽃이 피지 않으니
때로는 안타깝다
봄이 그립다

연습이 수도다

내가 행복하기에
이 행복을 나누고자 합니다
일상의 삶이
얼마나 행복한지
천원의 행복
내가 낸 천원이
다른 이의 두 끼를 해결한다네요

처음에는 부끄러웠습니다
정도, 바르다
중도, 정해진
말, 말은 진실해야한다
양설, 여기서 이 말 저기서 이 말 하지 마라
투명 돼지 저금통을 들고
가깝다고 느껴지는 지인들에게
수줍게 천 원만 주세요
냄새도, 모습도
감각으로 다가왔습니다
천원의 행복이 JTS 거리 모금 행사지만
나를 행복하게 했습니다

생존의 귀재

부끄러움과 자기 비판
그에게 물들어간다
함께 살다보면
먹는 것도 닮는다
근육이 줄어들고 약해진다

깊은 고독과 용기
새로운 것이
올 것이라는 것은 착각이다

어떤 사람을 만나고
어떤 생각을 하고
어떤 책을 읽느냐에 따라
인생이 바뀔 수 있다

오늘도 나는
운명이라는 벽 앞에
당당히 마주한다

가을 속에 물들어간다

퇴색해 가는 자연의 가을 속으로
바람에 흔들리는 억새꽃
풀벌레의 합창 소리 들으며
외로움을 느낄 때
시간을 돌리려는 듯
가을 속에 물들어간다
억새꽃은 묵언으로 사람을 초대한다
모든 상처와 사연들을 보듬으며
환한 느낌 속에 누구든 반긴다
간절한 속마음을 보냈다
바람소리도 부서져 빨간 물이 든다
가을은 사람을 가리지 않는다

바람 부는 날에는

마음은 행운이
깃드는 성전이다

가슴에서 고요를 찾고
세월의 스산함을
바람으로 맞이한다

마음으로 다듬은 데코레이션

많은 것을 잃어버리고 온 것 같아
앙상한 가지 위의 설화처럼
맑은 영혼을 갈구한다

어떤 미래가 시작될까
어느 만치 가까이 와 있을까

밤이 깊을수록 진해지는 아픔
바람 부는 날에는
너에게 가고 싶다

바람으로 그린 꽃무늬

내 안에 안주하는 삶은
그리 달갑지 않았다
하루를 살아가며
느끼고 담아야 되는 것을
그저 눈을 뜬
아침을 맞이하는 것이 두렵기도 했다

어제와 또 다른 하루
하얀 도화지 위로
소망하는 것을 스케치하고
샘솟는 희망으로
채색해 가는 의미 있는 하루
고단하고 바쁜 여정
늘 그렇게 달려왔다
눈을 뜨면 걸었고
어둠이 내리면 곯아떨어졌다

외로움이 그리움으로 다가갈 때
안부를 묻는 친구가 그립다

사랑을 노래한다

빗속을 거닐며
사랑을 노래한다

애써 감추려는
눈시울이 있고
못내 담고픈
그리움이 있다

도무지 알 수 없는 것은
비를 좋아하고
그리워하는 것이다

물 위를 걷는 것처럼
누구를 사랑한다는 것
기막히게 슬픈 일이다

홀로 간직 할 수밖에 없는 그리움
그리워하는 것만으로도 행복하다

떠도는 구름처럼

혼자 하는 사랑
그리움은 아름다워질 수 없다
바람은 손에 잡을 수 없고
물은 손에 쥘 수 없듯이
사람의 마음도 읽을 수 없다
물이 지나치게 맑으면
고기가 살지 못한다
지혜는 분별력이 있어야 하고
사람을 품는 것은
따뜻한 가슴으로
온도를 조절할 줄 아는
항해사가 되고 싶다
청명한 가을 하늘에
떠도는 구름처럼
자유로운 영혼
그 또한 그리움이다

작은 들꽃의 기다림

기다림을 안은 가을날
너의 나무에서
바람을 몰아내고
낙엽을 떨군다

연인이 되어 감싸던
따사로움도
넉넉함도 속살에
흐르는 꽃빛 향기만 풍긴다

묵언 속에
살포시 내리는 가을비
내 마음은 고요하기만 한데
둥글게 살아가는 세상
너의 마음에 물들이고 싶다

작은 들꽃으로 피어나
언제 바람이 되어 달려갈까
스쳐가는 바람 같은 인연으로

자기 대화

들어올 때는?
나갈 때는!

교육을 시켜놓고
활용하지 않는 것은
잘못된 것
전해야 될 말
전하지 않아야 할 말을 구분해
지혜로운 가교 역할
지나가는 것을 유심히 관찰해라

조력단체가 되어야 하는데
압력단체가 될 수 없다

뭘 아느냐가 아니다
누구를 아느냐가 관건
좋은 것은 위대한 것의 적이다

하늘은
똑바로 보나

거꾸로 보나
누워서 보나 하늘이다

세상살이가
사회적 네트워크는 분명한 데
반가움이 몇 곱절 늘어나는 일 어디 없을까?

향기로운 가을 길

코스모스 피어있는 길을 걷는다
고즈넉한 찻집 창가엔
가을 향기로 다가온다
화려하지도
향내음도 없지만
바라만 보아도 행복하다

초라하지 않으면서
기품이 있다
바람에 흔들리는 코스모스
여인의 가련함도
맑은 영혼도 품는다

형형색색 자태 뽐내는 코스모스
여인의 가을 향기 아닌가
텅 빈 가슴 가을 하늘로
심호흡 가다듬는다

제2부

하늘 향해

돌 틈에서 흐르는 사랑

폐지를 주워 파는
허리 꼬부라진 할머니가 지나간다
무심코 따라 가
할머니 집이 어디세요

큰 도움은 안 되어도
쌀이랑 약값 조금 도와드리고 싶은데
할머니는 싫다고 하신다
아직은 남의 도움 안 받으신다고

부끄러웠다
현실의 삶은 초월할 수 없으니
애잔한 마음 가슴에 안는다

할머니는 나에게
고맙다는 말을 남기시는데
멀어져 가는 뒷모습엔
분명 사랑이 넘쳐나고 있다

인연의 시간 속에서

그리움이라는 공간에서
사랑이라는 바람을 담아봅니다
작은 미소를 지어 만나면 반갑고
늘 마음속에 자리하기에
헤어지기 아쉬워하고
인연의 시간을 이어가려 합니다

행복을 만들고
위로하고 보듬고 다독입니다
기대하지 않은 곳에서도
인연이란 꽃은 만개합니다
내 인생의 희망을 걸고
인연의 실타래를 풀다보면
내 안에서 답이 나옵니다

러브 스토리 모음

늘 오늘처럼 사랑하게 해달라는 기도

소피마르소
좋아해 주는 사람 덕에 살아왔고 기억해주길

장국영
내가 사랑했던 사람에게 여자로 기억되고 싶다

그레이스 캘리
천 명을 넘는 여자들 만났지만 사랑을 느낀 것은 한 번뿐

엘비스 프레스리
불륜을 저지르며 사랑을 하고 있다

잉그리드 버그만
너무 어렸고 성급했지만 사랑했다

올리버 핫세
한 사람에게 느낄 수 있는 사랑

찰리 채플린
긴 생을 택하느니 그와 함께 짧은 생을

비비안 리
사랑하는 사람과의 기적

크리스토퍼 리브
더 잘해주지 못한 사랑의 안타까움

재클린 케네디 오나시스

현실의 삶을 초월할 수 없으니
무채색으로 시간을 만들 듯
살아온 삶이 고맙다
스쳐가는 바람 같은 인연
너에게 물들고 싶다
러브 스토리 모음
그런 사랑 해 보련다
세월이 더 가기 전에

인연

눈빛만 봐도 마음을 읽어가는 인연이 있고
눈을 지그시 감으면 떠오르는 인연도 있고
기쁨도 슬픔도 함께 할 수 있는 인연도 있고
귀한 사랑보다 정을 나누는 인연도 있다
사랑도 기쁨도 슬픔도 함께 할 수 있는 인연
그런 인연이 그립다

그 사람이 시야에 있으면 눈을 감고 싶은 인연
아주 미운 인연도 있다
이어지는 인연
떠나야 하는 인연
인연은 만상을 이루는 원동력이다

곱지 않은 인연은 악연이다
아픔을 초래하는 인연
인연이란 묘한 거다

어디쯤 가고 있을까

바람 불고 안개비 내리는 날
고독과 허무도
애처로운 몸짓도
무의미로 쌓여진
마음에 촛불을 켰다

잊어버리고픈 기억 속에
생각나는 이름 하나
풀잎이슬로 되살아나고

작은 불씨로
세상 시름 다 잊고
마음에 햇살 비추면
나 편히 쉴 수 있는 곳
그대 향해 달려가리라

안개비가 걷히고 무지개 뜨면
깊은 삶의 첫 기억으로
그대 품에 안기리라
꿈속에서라도

그대 향한 나의 마음
어디쯤 가고 있을까

하늘 향해

어린 새싹으로 움트며
그렇게 자라더니
이제는 힘찬 모습이 되어
푸른 꿈도 키우고
가끔 파도를 뛰어 넘으며
열아홉 계단을 벗어나
이제 제자리에 섰다

큰 꿈을 지닌 그 무엇도
떠받드는 양 어깨에
바다보다도 넓은 가슴으로
이루고자 하는 자신의 세계를 향해
기지개 활짝 펴며
날개를 달았다
그 누군들 이런 푸른 꿈의
약진을 막으랴
이제는 하늘 향해 기지개를 크게 펴라

사랑 찾아 인생 찾아

내 삶의 노래처럼
애절한 유행가 가사
침묵했던 그리움도
숨겨둔 첫사랑도 사무침으로 다가온다

사랑은 나에겐 사치였고
가물거리는 추억마저도 아픔이었다

사랑한다는 그 말 해준다면 하고
노래하는 이, 그 곁에 내가 있다

그렇다 늙어가는 게 아니고
멋지게 익어가는 거다
사랑 찾아 인생 찾아
경쾌함으로 뛰어보련다
또 다른 내일을 향해서

힘내라고 노래 불러줄까

뒤로 넘어졌다
머리도 가슴도 옆구리도
등짝도 온통 파스 투성이다

세 살짜리 손녀딸
할미 아파?
응!
왜?
넘어져서
아, 그랬구나
내가 힘내라고 노래 불러줄까?
그래 불러봐

가사 하나도 틀리지 않고
손짓 몸짓으로 부르는 노래

품에 안기며
할미 사랑해
덧붙여 내뱉는 말
할미 보고 싶었어

할미 조심해 알겠지?

우리 지아의 응원에
할 말은 잃고

지아가 불러 준 노래에
에너지를 얻는다

사노라면

명상으로 단꿈을 부른다
어김없이 어둠이 내리고
공허한 마음 잠을 청해본다

스쳐 지나가는 일상이 나를 부추기고
시를 감상하고 읊고
삶 속의 시를 되뇌인다

시는 꿈꾸는 중후한 멋도
아름다움을 연출로 황혼을 만들 수 있다
사노라면 모든 괴로움이
무지로부터 온다

나의 헛된 생각이
나를 속이기도 하고
그저 순리대로 내려놓아야 한다

오늘도 석양은 붉게 타는데

모래성

하루를 살아도 내 인생이 낫다
살짝 손을 대었는데
무너져 내리는
기껏 쌓았는데 모래성이다

내가 사랑한
사람들 잃어버리고 싶지 않다
그 놈의 사랑
얼마나 가혹할까?
바라만 봐도
그냥 좋은 그런 사랑 없을까!

나의 사랑이 변함없기를
기도해 보지만
불꽃같은 사랑은 모래성이었다

내가 머무는 곳
그곳이 낙원인 게다

노랑 저고리

지난밤 봄비에
노랑 저고리 개나리가 고개 내민다

초록색 치마 함박웃음
유채꽃도 만개했다
일상의 부드러움
진하지 않은 커피향
의미 없이 지워가는 하루
명상으로 마무리하고
단꿈을 부른다

어김없이 어둠이 내리고
공허한 마음 잠을 청해본다
다시 새벽이 오면
개나리가 활짝 웃으며 손 내밀겠지

종이배

구름을 풀어서
마음을 동였다

기울어진 언덕을 일으키며
나이든 사람의 지팡이가 숨차다

종이배 하나가
가랑비에 미끄러지고
내 신발도 흠뻑 젖는다

참 나를 찾아서

좋았던 시절 뒤로 하고
쉬지 않고 앞만 보며 달려왔다

희어진 머리
염색으로도 못 가리고
그 어떤 유혹에도 흔들리지 않고
큰 그늘 만들어주는 나무가 되고 싶었다

소리 없이 재촉하는 세월
불교대학교 문을 두드린다

그 웃음은 어디에서 왔을까
가식이 없는 평화로운 해맑은 미소

참 나를 찾아서
무늬도 없는 기억들을 불러내
저 강물에 띄워 보낸다

화려한 외출

삐딱한 시선 속에
외출했던 생각이 돌아왔다
솔직하고 똑똑하면 건방지다 말하고
진실공방은 외로움을 자처한다
내면에 감추어진
형형색색의 아름다움은 퇴색되어
빛을 발하지 못한다

허리를 읊조리며
낮은 곳으로
낮은 곳으로
낮은 곳으로
눈물이 흐르는 이유도 모른 채
오늘도 나는 거울 앞에 선다

무리수 속에 살아남기가
여간 힘든 게 아니다
스스로를 마음속에 묻고 간다
이렇게 편한 것을 왜 몰랐을까

물감과 꽃말

꽃 한 송이 불꽃으로 피워내어
골목길의 향기로
큰 거리의 심부름으로
더러는 외딴길의 작은 표지판이 되어
산새가 지나가다 말을 걸게
나비가 날아가다 앉게
부러진 아침을 이슬로 동여매어
발등에 떨어진 돌멩이를
나무라지 않고 들어냈으며
빈등에 내리는 빗물이 무거울까
우산을 받쳐 주었습니다

저녁나절 둘도 아닌 노을을 데리고
키가 큰 그늘이
낮은 곳을 밟지 않게
세상의 구겨진 수다들이
뜨락의 채송화로 피게
당신의 물감들인 실타래는
모난 바람에도 꽃무늬 수를 놓았습니다.
그래서 당신의 언어는 달콤한 빛깔로 익었습니다

벌레를 가시로 찌르지 않으며
햇살로 들어 제 길로 가게
들판에 넘어진 풀들을
나뭇가지에 묶지 않고
손으로 일으켜 잡았습니다
대장간의 물로 담금질한 도끼는
세상을 찍는다지만
당신의 추녀 끝 물방울은
이웃집 화단을 가꾸었습니다
그래 파랑새의 울음은 하늘에 닿고
들에 핀 꽃물이 살결에 물들게 했습니다
잘난 것보다 못한 것에 기뻐해 보았고
힘든 자보다 앞서가기 전에
그 계단이 먼저 되었습니다

안개비

안개비가 하얗게 내린다
온종일 소리 없이 마음을 적시고
온 세상에 생기를 불어넣는다
만물이 소생하고
생기 있는 표정으로 다가온다
언제부터인가
흐린 날을 좋아하게 되었고
비가 오는 날이면 길을 나선다

무언가 흠뻑 적시어 오는 느낌
가슴이 후련해지고
못다 한 이야기들을 혼자 곱씹는다
평범한 일상에서의 쓰나미는
굳이 말하지 않아도
텅 비우려 해도 쉽지만은 않다
하늘에서 살포시 내리는 안개비
강가에서 피어오르는 안개비
사랑인 듯 끌어안고 산다

제 3 부

기다림

중년의 나이

코스모스 피는
가을의 문턱
맑고 파란 하늘처럼 산다는 건
어떤 이유도 없음이다

인생이란 희극도
세월이 내게 들려준 이야기는
정직과 감사였다

세상은 그 무엇도 무한하지 않다
내 젊음도 한때는
세월의 한 장면일 뿐이다

제법 자리 잡은 눈가의 주름
조금은 의연해 질 수 있는
중년의 나이
가슴으로 삶을 볼 줄 아는 나이
어슴푸레 깨닫는 나이

물은 어김없이 순리대로 흐른다

떨어지고 부딪치며 골짜기를 휘돌아
물은 순리대로 흐른다

산은 산이요
물은 물이요
지리산의 물소리 합창 소리마저 정겹다

계곡을 타고 강으로 바다로 향한다
잠시 외출나간 정신줄
한순간도 행복하지 않은 시간은 없었다

한줄기 바람처럼 두뇌 속에 그려지는
깨달음의 마음의 심지
나는 왜 한 잔의 술에 기대고 싶을까?

산은 산이요
물은 물이라는데

기다림

막연히 그리워하는 것보다
기다릴 수 있다는 희망이
있다는 게 좋다

언젠가 볼 수 있겠지
고통을 피하면
두 배가 되서야 돌아온다지

피하지 말자
세월의 무상함과
재촉하는 인생의 공허함

잃어버린
자신의 삶 이야기
그럴 수 있다면

붉게 물든 석양은
서산에 지는구나

비움

무수한 인연 속에
고운 사랑도 엮어 가지만
미움도 엮어지는 게 있다
고운 인연도 있지만
피하고 싶은 악연도 있다

사람은 사람 냄새가
나야 하는데
섬뜩 해지는
고약한 인연도 있다
솔바람 앞에
지울 수 없는 실안개 자욱하다

시간의 끝자락에서
채움보다 비움
인생의 한 토막 지나가는 삶
버둥거리는 너는
그리스도를 찾는다

내 마음

영하20도 혹한 눈보라다
칼바람은 매섭게 살갗을 스친다

내 마음의 공허함은
나이가 들어갈수록 빠르고
먼 산 겹겹이
먼 산 허리를 감고 밀려왔다
사라져 버린다

적막의 고개 넘어 윤회하는
세월의 무상함을 실감한다
칠흑 같은 어두운 밤
눈으로 가슴으로

채울 수 있는
받아들일 수 있는 공간 장식
늘 이만함을 감사하면서
나는 누구인가
어디로 가는지 생각한다

들꽃의 시간

희뿌옇게 안개비가 내린다
허전한 팔 가슴
나를 달래는 뭉게구름
시커멓게 산등성에 오른다
녹음에 묻혀들고
저려 오는 아픔이거늘
사철 속에 아련히 어린
울음 빛 시냇물도
모래 속에 묻어야 할 기억들
홀로 서기 위해
바람 지나는 들꽃처럼
흔들리면서
가슴속에 살아있는 말로 살아야지

아침은 언제나
어둠 뒤에 온다
가슴 속 불씨는 타올라
긴 호흡을 내려놓는다

동행

볼 수 있고
들을 수 있는
만질 수 있으며
어디든 갈 수 있고
느낄 수 있다는 것을

나에게 주어진 일이 있으며
내가 해야 할 일이 있다는 것은
날 필요로 하는 곳이 있고
갈 곳이 있다는 것을

삶의 여정에서
나만의 공간이 있다는 것은
반겨주는 이들이 기다린다는 것을

우연히 듣는 음악에
한 마디 위로에
마음 가벼이 할 수 있으며
세상을 살아가고 있음이 동행이다

굴뚝에서

하얀 연기를 보면 생각난다

처마 끝에 고드름 먹고
소죽 끓인 가마솥 열고
콩 주워 먹고
화로에 고구마 구워 먹고
장독대에 쌓인 눈 움켜 먹고
땅속에 묻은 동치미 한 사발
후루룩 제 맛이고
두레박으로
담아 올린
물동이 지고 가다
나뒹굴고
냇가에서 얼음 깨고
빨래하던 시절 생각난다

시들지 않는 열정

때로는 그리움만 쌓여
적막감과 외로움을 느낍니다

흔들리는 설레임 말하지 않아도
활화산처럼 타오르고 있습니다

때때로 뭉클한 감정이
언약이 되고 활력소가 됩니다

지금의 현실 위에
시들지 않는 열정으로
삶의 테두리를 끌어안으렵니다

아주 작은 한 마디
사랑한다를 외치면서
그날이 오는 날까지

유행가 가사처럼

입버릇처럼 힘들다 외치며
바쁘게 살아왔다
희끗희끗 백발이 된 머리카락
이마에 그어진 주름살
허겁지겁 살아온 세월

손에 잡는 것이 많아
등에 짊어진 삶이
내일 해야 할 일 때문에
아프다던 유행가 가사처럼
그렇게 살아왔다

마음속 쌓여진 아픔
쏟아내지 못한 절규
가슴에 묻으며
달려가고픈 마음
허허로웠던 마음도
먼발치에서 빈손으로 보낸다

슬픈 연가

그대 생각이 보였을까 느껴졌을까
지나온 시간의
허무함이 부추기는 통곡
의도와는 관계없는
무심코 내던진 말
등 뒤에서 밀려오는 질타의 쓰나미는
먹구름의 천둥번개다

그의 진솔함은 아연실색으로 달음질치고
누가 볼까 두려워 몰래 훔친 눈물
사막의 오아시스인가
그에 대한 사랑이 미움의 속삭임이었다면
그가 좋아하던 순백의
찔레꽃 가시었나 보다

고요한 것은

사람은
참으로 어리석다

닥쳐와야
뉘우치고
괴로워한다

바라지 말고
기대하지 않고
가까이 섬기면
마음이 고요하다

꽃샘

지평선 아래
활활 타고 있는 아지랑이
어디서부터 왔을까

들판에서
산자락에서
언 마음 손짓해서 왔는가

해묵은 허수아비 어깨에
들새 울음 내리면
꽃밭에도 물이 오른다

좋은 것을 나누며

사랑 인생 아픔
배우지 않아도
터득하며 살아갑니다

만연의 웃음을 지으려면
마음이 순백해야 합니다

감사할 줄 아는
기쁨의 삶
인생의 귀함을 알아야 합니다

좋은 것을 나누며
서로의 파수꾼이 되면
머무는 동안 행복합니다

사랑해서 미안한 마음이
더 깊어집니다

은빛 초대

퇴색해 가는
자연의 가을 속으로
바람에 흔들리는 억새꽃

풀벌레 합창 소리 들으며
외로움을 느낄 때
시간을 돌리려는 듯
가을 속에 물들어간다

억새꽃은 묵언으로 사람을 초대한다
사람을 가리지 않는다
환한 느낌 속에 누구든 반긴다
모든 상처와 사연들을 보듬는다

살랑대는 은빛으로

제 4 부

들꽃 향기

들꽃 향기

들꽃처럼
커피처럼
아름답게 쓸 수 있다면
참으로 행복하리라

시간의 흐름 속에서
나이를 먹어 가고
바람 불어 꽃잎이 떨어져도

마음속에서는
음악과 언어가 흐르고
때 묻지 않은 순수함으로
여유를 갖고 싶다들

꽃 향기로

회상

아픔 없이 살아온 삶이 없듯이
조용히 눈을 감고
추억을 회상하다 보면
애틋한 그리움으로
무너지는 듯한 절망!

삶의 질곡이 있어도
비우고 버림에
익숙지 못해
자아실현이 힘들다 하여도
살아 숨 쉬고 있음이 기쁨이고
내 곁에 머물 수 있었던
그때가 그리울 때가 있다

고단한 시간들이 행복한 이유는
지금의 내가 있기 때문이다
내 삶에서 도려내고 싶었던
기억마저도 사랑하리라

세월 따라 흐르는 곳

주름진 눈가엔
바람이 불고

코스모스 핀 길가에
실안개 피어오른다

세월 따라 걷는 내 모습을 보며
머물 수 없다는 젊음을 인지한다

바쁘게 살아온 시간을 돌아보니
세월도 느림으로
붙잡을 수 있으면 좋으련만!

거역할 수 없는 순리 따라
오늘도 발걸음 옮긴다

당신에게

오늘이 가장 멋진 날
오늘 나는 당신의 따듯한 마음으로
물들고 싶다

여름날 형형색색 아름다운 꽃으로
보고 싶은 나의 마음으로
당신을 물들이고 싶다

보고파 눈물 나면 울고
그래도 보고프면
하늘보고 눈을 감고
설레며 맺은 사랑
아직은 가슴이 떨린다

쉽게 잊고 버려
가슴앓이로 살아온 반평생
더 늦기 전에
당신에게 물들이고 싶다
아름다운 황혼을 만들 수 있게

누군가 앉아 있다

떠난 그리움이 바람에 날린다
낯설게 멀어져만 가는 사람
어디로 가는지 몰라
그림자를 내려다본다

사람들은 햇볕을 좋아하지만
나는 흐린 날이 좋다
사람들은 따뜻한 계절을 좋아하지만
나는 겨울이 좋다

무심코 스쳐간 낯선 사람이 뒤돌아 본다
기억나지 않는 그리움,
비를 맞으며 걷던 그날
비 오는 날이면
비를 맞으며 걷고 싶은 이유는 뭘까
비가 그친 뒤
불어오는 바람은 촉촉해서 좋다

세상살이

내 마음 같지 않다
흔들리지 않고 피는 꽃 어디 있는가

눈물 쏟게 만드는 일
주저앉히는 일
가슴 치며 원통한 일
짜증나고 고달픈 일
수시로 일어난다

햇볕도 필요하고
바람도 필요하고
원칙과 신뢰
흉내낼 수 없는 덕목
시간이 필요하다

내 마음과 같은
사람이 없다는 걸
문득 느낄 때가 있다
돌이켜보면 반성할 점이 많다

사랑이 머물던 자리

사랑이 머물던 자리
느낌만으로도 미소만 짓고
바람의 모습은 볼 수 없으나
마음으로 만난다
나뭇잎의 움직임이 보이고
바라볼 줄 아는 시간 위에
인생의 꽃은 핀다

아름다운 인연
저마다의 향기가 다르듯이
흐르는 시간에 띄워
애달픈 마음을 가슴에 안는다
무채색으로 시간을 만들 듯
초연하게 살아온 삶
새벽은 꽃처럼 피어난다

스쳐가는 바람 같은 인연
너의 가슴에 물들이고 싶은데
현실의 삶을 초월 할 수 없다

오늘 아침

그리움으로 다가와
온 대지를 적시며
두 팔 벌려 환호한다

호젓한 길가
가녀린 모습
돌 틈에 핀 이름 모를
곱디고운 야생화
샘물처럼 맑고
호수처럼 잔잔하다

목마른 대지
빗방울에 그리움 싣고
해질녘 하늘 바람 그네를 탄다

해바라기 연정

세파 속에서 치솟는 열정
내일이 어떨지는 아무도 모른다

내가 가는 길에
나를 아껴줄 친구
조용히 별들의 합창 들으며
솔바람 호수에서 꿈을 노래한다

시작이라는 마음으로
그윽한 향기로
그대를 만날 날 고대하며
걸어온 날들
타는 그리움 60년 세월
그림자를 태운다

바람도 쉬어가는 언덕
그대 가슴에
해바라기 따라 도는
가슴도 물들어 진홍빛이다

기도

가난과 풍요가 마음속에 있고
화사한 날보다
비난과 비판도 감내할 수 있는 사람

소중하고 넘치는 사랑
소통을 끌어내는 화보처럼
햇살 가득한 따듯한 울림

좋은 친구와 마음으로
새롭고 따듯한 행로의 합창
그렇게 걸어 갈 수 있도록 해 주소서

마음의 풍경화

일상을 바람에 날려 보내고
천보산 오솔길로 접어들면
미소로 반겨주는
치유의 힐링 캠프
마음 비우는 바람소리 경쾌하다

빵 한 조각
우유 한 병 들고
방향 잃은 시간
천보산 휴양림으로 달린다

마음의 옹달샘
회장님 대표님 원장님
너털웃음으로 온화한 미소로
그리움의 꽃처럼 얼싸안는다

흐드러진 철쭉
삶의 향기 머무는 곳
잠시라도 근심 버리려
매무새 다듬고

무명 속에
나도 그윽한 여인의 향기를 담은
현순 은주 샘처럼
내 꿈을 허리춤에 묻는다

그대 향기

바람 부는 들에서
햇볕과 놀고 자라 잘 여물었다
옷을 벗길수록 눈이 짜릿하다
속살에 칼을 대면
한 뼘 더 향이 다가온다
매운 단물에서 가시가 돋아도
귓속말로 가만가만 삼키면
입안에서 살살 녹는다

아름다운 섬 홍도

천사섬 홍도
바람과 파도가 노래하고

작은 무인도
기암절벽들은 아름다운 절경을 이룬다

어머니의 품 속같은 파란 바닷물
신비로운 비경이 아름답기 그지없다

부부탑 슬픈여 석화굴
거북바위 남문바위
저마다 사연이 구슬프다

다시 가고 싶은 섬 홍도
몽돌해변의 낙조가 유난히 붉다

아름다운 섬 소매물도

물살을 가르는
작은 배 하나
거센 파도를 가른다

용바위 부처바위
깎아지른 병풍바위
목을 내민 거북바위
하늘을 찌를 듯 솟은 촛대바위
풍광이 아름답다

모퉁이마다 탑돌이 쌓여있다
모든 이의 바람이고
소원을 비는 어머니의 마음일 게다
저 멀리서 불어오는 해풍이 달다

오묘한 자태
바위 절벽에 감탄사가 절로 나고
해풍길 걷고 먹는 도다리쑥국은 일품이다

제 5 부

내가 할 수 있는 것은

사랑이란 이름으로

어디론가 훌쩍 떠나고 싶다

무엇을 위해 살아왔는지
아쉬움만 남아 있는 나이
봄의 새싹처럼
기지개를 펴고
사랑을 꿈꾸기도 한다

때로는 중년의 진한 향기에
연연하지 않고
넉넉해지기도 한다
가을의 나이에 와 있지만
사계절을 닮은 불혹이고 싶다

삶의 회의도 몰려오고
집착에서 벗어나고픈
연륜을 통한 존재를 되찾아
새처럼 날고 싶다

그림자 길게 드리운 밤

가상의 진실
또 다른 내일을 꿈꾼다
소중한 시간
운명이고 활력이다

기다림에 젖는 날도
애정이 묻어난다
시련이 올 때 힘이 생긴다

내면적인 열등감
존재감이 사라진다

시작이 마음에 겨워
틈새를 찾아 나선다

어느 순간에
가까이 있는 사람이 낯설다

인생무상
— 이상창 국장님 빈소에서

갈 길이 바쁜 줄 알았더라면
고별의 슬픔이
이리도 허망하지는 않았으리

애달픈 가슴에 말문이 막혀
한숨만 절로 나오고
영정 앞에 엎드려 넋을 잃는다

저승에서 극락에서
편히 쉬라 기도한들
가 본 사람 없을 터
주검 앞에 장사 없다

곧고 바른 성품에
안타까운 아우성이 하늘에 닿는다
염원하고 소망하옵니다

국장님 편히 잠드소서

삶의 무게

삶의 무게를
덜어내고 싶을 때가 있다

하늘도 무심하다고
느낀 적도 비일비재하다

희뿌연 안개 더듬으며
안타까운 마음에 취해
심호흡 가다듬고
흐트러진 내 모습을
거울 앞에 비추어 본다

어느 순간
당연한 나로 돌아오고
악수를 건넨다

너를 향한 슬픈 속내를
어느 길목 저 만치에
버리고 가야만 했다

화합의 바통

어제의 시간은
오늘의 시간에 바통을 넘긴다
포부와 열정은 귀하고 중요하다

사사건건
의견을 달리한다면
평화는 없다

우주와 같은 생각도
화합이 중요하다
화합하고 단합해서
소심 있는
책임감 있는
양심이 있는
새날의 마중물로
바통을 넘긴다

양파의 습성은 끝이 보이질 않는다

입춘

햇살이 살에 닿아
몸이 가렵다

등허리에 딱정이가 거슬린다
지난밤 꿈자리도 눈에 걸린다

누군가 밖에서 기다리는 것 같아
신발장 문을 연다

거울을 닦고
흙 묻은 신발을 빨아야겠다

실타래가 엉키듯이

살아온 날보다
살아야 할 날들이
줄어든 것은 분명하다
뒤돌아 회상해본다
뼈가 시리다
하소연 할 필요도 없다
그도 나와 같이 아플 게다
실타래가 엉키듯이
복잡했던 일상
자기 성품을 알면
삶이 행복하고 자유로운데
이리 편한 마음인 걸
2015년 1월은 어찌나 힘들던지

시련은 바람 타고

예상치 못한 시련
바람이 불어왔다
모진 바람

항상 머물러 있을 줄 알았는데
알 수 없는 그 무엇이
진실을 외면하고
멀어져 가는 것을
끝내 붙들지 못했다

아름답던 그 모습
지금의 그 모습
멀어지던 뒷모습

추억의 속삭임

기억 속에서
아름다운 것들이 부르면
마음이 흔들린다

지난날들을 가슴에 물들이며
정이 넘치는 대화에
지나간 시간을 붙든다

방패막이 되어주던
네가 보고 싶다
미래가 아득한 것처럼
가야 할 길을 설계한다

평온한 일상에 늘어나는 나이
세월의 향기와 스치는 바람
하늘을 휘젓는 공허함의 영혼
길을 잃은 채 서성인다

못다 한 사랑 전하면서

나를 재운다

가슴은 파도를 치는데
인생의 평화로움이
잔잔한 검푸른 바다 위에 있습니다

가을날
곱게 물든 단풍이고 싶었습니다
나이 듦이 서글퍼
잠 못 이룬 적도 있었습니다

마음을 달래려
소리 없이 명상에 잠기어 봅니다
겨울 바다의 풍광
일렁이는 파도 숨을 쉬지 않는 듯
고요를 노래하고

파도치는 가슴도 변화하듯
곱게 물든 단풍처럼 평화로움이
나를 재운다

호수의 얼음

흐르는 물줄기가 얼어붙어
생각을 물들이고
마음이 짓눌리는 것처럼
어려운 일은 없다

이기심을 모아 마음으로 비워내는
혼자 하는 이별이 쉽지는 않은데
새하얀 눈 꽃송이
겨울산이 아름답다

내가 할 수 있는 것은

오늘도 초연한 듯
눈을 감고
마음 한 조각
흐르는 강물에 띄운다

아무도 모르게
기도하는 마음
물에 잠긴 마음
여전히 들여다보고

세월 흘러
어디로 가는지
알 수 있다면
말할 수 있을 텐데

내가 할 수 있는 것은
향내가 날 때까지
삶으로
견디는 것

창밖의 표정

길섶에 나와 있다
누구를 기다리는지 하염없이 서성인다

무엇을 얻고
무엇을 잃었는가
덧없는 세월에
삶의 무거운 짐만 지고 오지 않았던가

끝없는 욕심은 갈망일 뿐
훈훈한 마음으로
세월의 무게를 벗어버리고
흐르는 세월에
마음까지 따를 수밖에

베풀고 참고 나눌 걸
마음마저 시린
창밖의 표정

기다림을 안은 가을날

마른 나무에서 바람 몰아내고
낙엽 떨군다

연인이 되어 감싸던
따사로움도 넉넉함도
속살에 흐르는 꽃빛 향기만 풍긴다

살포시 내리는 가을비
내 마음은 고요하기만 한데
둥글게 살아가는 세상
너의 마음을 물들이고 싶다

작은 들꽃으로 피어나
언제 바람이 되어 달려갈까
스쳐가는 바람 같은 인연으로

사랑이 담겨 있다

일상 가운데 하나
음식을 만드는 것
그 안에 사랑이 담겨 있다

소중하고 넘치는 사랑
쏟아주신 정성은
살아가는데 큰 힘이 된다

가는 길이 보이지 않아도
끝까지 가려고 하는 열정
소통을 끌어내는 화보처럼
햇살 가득한 따듯한 울림

내 마음 어리석어
괴로움이 더할 때
허기진 마음은 추억이 된다

인생의 전환점에서
삶의 주인공은 나이기에
오늘도 난 정성스레

사랑이 담긴 음식을 만든다

세상을 아름답게 하는
그날을 기다리며
행복한 밥상을 차린다

길을 나서며

그리움 담고서
서성거림으로
배회하지만
깊은 슬픔 중에도
지혜를 배우고
겸손을 배우고
침묵 속에서
진실을 배우고
용서하는 아름다움을 배우고
진솔하게 삶을 이해하려 한다

침묵 속에
길을 나서며

제 6 부

작은 행복

꽃시계

바람의 이야기를
저울에 올린다
자유롭게 걸어온 시간들이
한쪽으로 기운다
그래도 마음만은
꽃시계로 피는데
내 안의 정류장은 빠르다
오늘도
구름이 부서져
가을비가 핀다

작은 행복

아쉬움과 기대 속에
오늘을 산다

무언가에 묶여
벽화처럼 걸려 있는 우리네 삶

소파에 기대어
마음을 내려 놓으면
고운 햇살 속에 묻어 나오는
행복 한 줌

바람타고 들려오는
자연의 선율이 함께 동행한다

아픈 다리

꽃물 소리 만난다
바람소리도 부서져
빨간 물이 든다

뒤를 돌아보며
걸어온 발걸음이
구름을 따라가 보지만
어느 만치 가 있을까

보이는 것이 보이지 않는 것
자꾸 아픈 다리가 미안하다

친구의 그림자

외딴 길을 내려온 햇살이
그림자를 밟고 간다
빈손에다 거리를 한 움큼 쥐고 간다
마음은 한가닥 발걸음을 재촉한다
어제 먹은 친구의 순대국이
자꾸만 서운하다
그래도 서산에 해가 가득진다

마음의 고요

잔뜩 흐린 하늘
소낙비가 기습 공격이다

시절 인연의
추억이 되살아난 듯 황홀하다

부는 바람에도
흔들리지 않고
감춰진 뜻을 읽어낸다

숨겨진 진실을
채색할 수 있는 아름다움
일상의 언어로
운율을 노래하는 슬픈 고백

비개인 오후
세상은 쥐죽은 듯 고요하다

꿈은 행복지수 100%

인생은 60부터라 했던가
새로운 인생 설계로
찾아오는 노년을
보람 있게 매진할 수 있어
삶의 행복지수가 높다

황혼기에 접어든 60세
경륜이라는 지혜가 왕성하고
철학이 확고히 서 있다
경험을 통해서 얻은 만족감을
감성적으로 기억하고 있다

노년의 꿈은 결코 초라하지 않다
하루하루를 더 충실하게
인생을 새 마음으로 매진할 수 있다
철학이 있고 두려움이 없다
유유자적하며 물 흐르듯
구름 넘어가듯

자기 하고 싶은 일을 즐기며
마음대로 할 수 있으니
얼마나 행복한 나이인가

공생의 공간

세상일은
순서가 있고 순리가 있다
양보한 그 자리
배려한 그 자리
나누어준 촉촉한 인심
희망의 공간이 된다

인연으로 만나고
흩어지는 구름 같은 인생사
내 것은 하나도 없다

내 의지와
내 간절한
바람과는 전혀 다르고
미워도 고와도
포근함을 느낄 수 있으니
눈물겹다

공생의 공간 이런 행복도 있다

아무도 못 가 본 천당

미움은 먼저 웃지 않는다
화를 안고 산다
독을 품고 사는 것과 같다

고통스럽고
문을 닫히게 한다
화를 다스릴 때
미움 시기 절망의 굴레에서
자유를 얻는다

매듭을 풀고
미움을 끌어안는다
끌어안아주는 것이
진정한 행복이다

솔직함은 겸손이고
진실한 아름다움의 원천이다
행복 찾아 사랑 찾아간다
그곳이 천당이다

타고난 운명은 섭리대로

자식들 모두 키워놓고
하고 싶은 일 찾아서 하고
좋은 친구와 가까이 하며
가고 싶은 곳 여행도 하며 살자
주머니에 돈은 갖고 있어야 한다

자식은 노후보험도 아니고
빚 받을 상대도 아니고
기댈 생각일랑 애당초 지워버리라

젊음을 불살라
평생 지켰던 직장도
사업도 그렇게 멀어지고
조금 힘들다고 위축되지 말고
누구를 부러워하지도
원망도 하지 말고
주어진 복대로
내일을 위해서 열심히 살자

아프면 서러우니 아프지 말고

타고난 대로 사는 게 운명이다
힘들지 않은 사람 어디 있겠는가
노력하고 조심하면 이겨낼 수 있다
그것이 섭리인데 거역할 수 있겠는가

발달 장애우들의 미소

둥근해가 떴습니다
하나가 되었습니다
걱정도 잠시였습니다
질서가 있었습니다
너무도 즐거워했습니다
넉넉한 마음 나눔이 있었습니다
승부에 대한 열정도 대단했습니다
천사들의 합창으로
적십자의 봉사로
행복 바이러스를 나누었습니다
누가 그들을 장애우라 했던가요
정신 건강은 최고였습니다
크고 작은 미소
함박웃음은 희망이었습니다

— 2014년, 포천시 발달 장애우 체육대회를 마치고

내가 살아가는 이유

목소리가 있고
힘이 있고
남을 도울 수 있는 마음의 여유
24시간 부지런함으로 살아왔다

생각은 20대
신체는 60대
평생 건강만큼은 자신만만했던 나
필름처럼 돌아가는 지난날의 회상
내 생의 마지막 연출이라고
최선을 다한다

내일은 예약이 없어서
아름다운 마음속으로 질주한다
내가 살아가는 이유는
진실함을 맛으로 살리는
그런 삶으로 아름다움을 노래한다

사계절을 닮은 불혹이고 싶다

적당히 부대끼며 사는 거다
일생을 바쳐 일한 후에
훗날 빈손이라면
누가 나를 반길 것인가
나의 늙은 모습을 보고
누가 좋아 하겠는가
내 몫은 꼭 챙겨야
노후에 눈물 흘리지 않는다

자식 비위 맞추기에
혼신의 힘을 다한 부모는
자식들의 하인이 되는 원인이다
부모 공양법을 모르고
대접받는 법만 배운 아이가
어찌 부모 공양을 하겠는가

불효하는 자식은 일부 부모의 몫
언젠가는 나에게도
어김없이 노을이 찾아들 것이다

나에게 별은 영원한 표상

세상의 모든
시름이 잊혀질 만큼
하늘의 별을 보는 즐거움
오늘도 베란다 창문을 열고
밤하늘에 별을 보며 대화를 나눈다

감성은 무디어지고
소통은 생각처럼 쉽지 않다
봉사의 마음으로
시작하는 일상은 분주하고
시간의 영원을 노래한다

착함이 존재하는 공간
외로움과 고통을 말 할 수 있는
별과의 대화
나도 별이 되고 싶다
나에게 별은 영원한 표상이다

햇빛 좋은 날

모질다
빈 공간의 외로움
본능이다
외로움은
황혼의 사랑은 약초라는데
바람 불지 않는 인생 있을까

나이가 들수록
신체는 부실해지고
황혼은 이럴 때 외롭다

세월은 지나가는
것이 아니라
쌓이는 것이다

햇빛 좋은 날
제대로 살 수 있는 것이
힘든 황혼의 사랑이다

작품해설

들꽃처럼 착한 노래

| 작품해설 |

들꽃처럼 착한 노래
— 박혜자 시집 《하늘 향해》

차윤옥
(시인 · 계간문예 주간)

박혜자 시인이 세 번째 시집 《하늘 향해》를 상재한다. 박혜자 시인은 나이가 중년에 접어든 뒤에 문단에 나왔다. 박혜자 시인은 '나에게도 문학에 대한 꿈이 있었다. 그 꿈을 중년의 나이에 접어들어서야 비로소 이루었다.' 고 고백했다.

시가 날 찾아왔다.
난 모른다. 어디서 왔는지
겨울에서였는지 강에서였는지 언제 어떻게 왔는지
아니, 목소리는 아니었다. 말도, 침묵도 아니었다.

하지만 어느 거리에선가 날 부르고 있었다.
밤의 가지들로부터, 느닷없이 타인들 틈에서,
격렬한 불길 속에서
혹은 내가 홀로 돌아올 때,
얼굴도 없이 거기에 지키고 섰다가 나를 건드리곤 했다.

파블로 네루다가 노래한 〈시〉의 일부이다. 박혜자 시인도 파블로 네루다처럼 어디서 왔는지 모르게 중년 나이 즈음에 살며시 시가 찾아왔다. 등단한 지 10여 년밖에 안 되었지만 그동안 수필집 한 권과 시집 두 권을 상재했을 정도로 열정적으로 시를 쓰고 있다. 문단 활동도 열심히 한다. 포천문인협회 회장을 맡아 봉사도 많이 했다. 회원 배가 운동까지 해서 침체해 있던 포천문인협회를 활성화시켜 활동력도 높이 평가받고 있다. 크건 작건 단체장을 맡는다는 것은 열정과 겸손과 봉사를 실천해야 한다. 어느 단체든 사람이 모인 곳은 갈등과 분열이 있게 마련이다. 강력한 리더십보다는 소통하고 협력하고 포용이 필요하다. 박혜자 시인은 포용력은 물론이고 겸손과 봉사가 몸에 배어 있다.

나는 꽃 중에서도 들꽃을 좋아한다.
우주의 질서와 섭리에 순응하는

들꽃의 낮은 자세가 좋다.

작은 것에서 행복을 얻고
작은 것에서 기쁨을 얻고
작은 것에서 큰 것을 느낄 수 있는
겸손한 상상력으로
좋은 시를 썼으면 좋겠다.

부족한 나의 시가
들꽃처럼
착한 노래가 되길 바라는 마음이다.

—〈시인의 말〉 전문

허리를 숊조리며
낮은 곳으로
낮은 곳으로
낮은 곳으로
눈물이 흐르는 이유도 모른 채
오늘도 나는 거울 앞에 선다

—〈화려한 외출〉 일부

〈시인의 말〉이나 시 〈화려한 외출〉 등을 읽어보면, 박혜자 시인이 어떤 사람인지 금방 알 수 있다. 작은 것에 만족하고, 허리를 읊조리며 낮은 곳을 지향하는 자세에서 박혜자 시인이 얼마나 겸손한 사람인지 읽을 수 있다.

박혜자 시인은 꽃을 좋아한다. 꽃을 좋아하는 사람은 마음이 넓고, 사랑이 충만하다. 수필집 《햇살로 그린 꽃무늬》와 시집 두 권 《그 꽃의 풍금 소리》 《꽃말은 지지 않는다》를 보면 제목에 꽃이 들어 있다. 박혜자 시인이 얼마나 꽃을 좋아하는지 알 수 있는 증거다. 이번 시집 속에도 꽃에 관한 시들이 있다.

들꽃처럼
커피처럼
아름답게 쓸 수 있다면
참으로 행복하리라

시간의 흐름 속에서
나이를 먹어 가고
바람 불어 꽃잎이 떨어져도

마음속에서는
음악과 언어가 흐르고
때 묻지 않은 순수함으로

여유를 갖고 싶다

들꽃 향기로

—〈들꽃처럼〉 전문

작은 들꽃으로 피어나

언제 바람이 되어 달려갈까

스쳐가는 바람 같은 인연으로

— 〈작은 들꽃의 기다림〉 일부

홀로 서기 위해

바람 지나는 들꽃처럼

흔들리면서

가슴속에 살아있는 말로 살아야지

—〈들꽃의 시간〉 일부

박혜자 시인은 들꽃 향기처럼 은은하게 사람들의 마음을 파고드는 매력이 있다. 작은 것 하나도 놓치지 않는 섬세함과 허리를 굽히는 겸손함으로 들꽃을 사랑한다. 한 송이 들꽃을 사랑하는 마음으로 사유에 감성을 버무려 거기에 상상력을 보태 한편 한편 탄생시킨 시들을 읽으면 박혜자 시인의 인간성을 자세하게 들여다볼 수 있다. 시는 감성에 너무 치우쳐도 안 되고, 상상력과 이성을 통해 사유를 확장해야 한다. 인간은 자연 앞에 끝없이 겸손해야 한다. 겸손은 존재하는 모든 것에 대한 외경심에서 비롯된다. 자연에 겸손한 사람은 참 아름다운 사람이다.

그리움 담고서
서성거림으로
배회하지만
깊은 슬픔 중에도
지혜를 배우고
겸손을 배우고
침묵 속에서
진실을 배우고
용서하는 아름다움을 배우고
진솔하게 삶을 이해하려 한다

침묵 속에
길을 나서며

—〈길을 나서며〉 전문

김창종 수필가는 서문에서 박혜자 시인의 시세계를 '그리움의 미학' 이라고 표현했다. 이 시집 한 권에 '그리움' 이라는 시어가 수없이 반복된다.

'바람이 전하는 말은 /그리움뿐이다', '더욱 그리워지는 어머니/길을 걷다 보면 거북등에/지팡이 들고 힘겨워 하시는 /지나가는 노인의 모습/머지않은 날의 내 모습이라고/생각하니 눈물이 납니다', '계절 따라 꽃이 피지 않으니/ 때로는 안타깝다/봄이 그립다', '외로움이 그리움으로 다가갈 때/안부를 묻는 친구가 그립다', '홀로 간직 할 수밖에 없는 그리움/그리워하는 것만으로도 행복하다', '떠도는 구름처럼/자유로운 영혼/그 또한 그리움이다', '그리움이라는 공간에서/사랑이라는 바람을 담아봅니다', '사랑도 기쁨도 슬픔도 함께 할 수 있는 인연/그런 인연이 그립다', '때로는 그리움만 쌓여/적막감과 외로움을 느낍니다', '떠난 그리움이 바람에 날린다/ 낯설게 멀어져만 가는 사람/어디로 가는지 몰라/그림자를 내려다본다', '그리움으로 다가와/온 대지를 적시며/두 팔 벌려 환호한다', '너털웃음으로 온화한 미소로/그리움의 꽃처럼 얼싸안는다' 를 비롯해 '그리움' 이라는 관념어가 계속 반복된다. '구체적인 대상이 아닌 추상적인 생각이나 심리를 나타내는 말' 이 바로 관념어이다. '실제적인 지시물을 가지고 있는 말' 은 구체어이다. 객관적 상관물을 통해 정서와 사상을 표현하면 관념어를 사용한 시보다 훨씬 더 좋은 시가 될 수 있다.

김소월의 〈가는 길〉이라는 시를 모델 삼아 살펴보자.

'그립다/말을 할까 /하니 그리워/그냥 갈까/그래도/다시 더 한번/저 산에도 까마귀, 들에 까마귀/서산에는 해 진다고/지저귑니다/앞 강물 뒷 강물/흐르는 물은/어서 따라 오라고 따라 가자고/흘러도 연달아 흐릅디다려'

사랑하는 님을 두고 떠나는 심리적 갈등이 아프게 느껴진다. 화자가 떠나가기를 재촉하는 매개체인 까마귀와 강물을 객관적 상관물로 사용했다. 이별의 암담하고 불안한 심사를 자연의 순리로 받아들일 수밖에 없는 슬픔을 잘 표현한 작품이다. 시상 전개가 돋보이는 시다. 화자의 안타까움과 망설임이 빠른 호흡으로 심화된 갈등을 표현했다. 물이 흘러가듯이 이별을 맞지만, 언제까지라도 님을 기다릴 것 같은 느낌이 드는 시이다.

어린 새싹으로 움트며
그렇게 자라더니
이제는 힘찬 모습이 되어
푸른 꿈도 키우고
가끔 파도를 뛰어 넘으며

열아홉 계단을 벗어나
이제 제자리에 섰다

큰 꿈을 지닌 그 무엇도
양 어깨에 떠받들고
바다보다 넓은 가슴으로
이루고자 하는 자신의 세계를 향해
기지개 활짝 펴며
날개를 달았다

그 누군들 이런 푸른 꿈의
약진을 막으랴
이제 하늘 향해 기지개를 크게 펴라

—〈하늘 향해〉 전문

코스모스 피는
가을의 문턱
맑고 파란 하늘처럼 산다는 건
어떤 이유도 없음이다

인생이란 희극도
세월이 내게 들려준 이야기는

정직과 감사였다
세상은 그 무엇도 무한하지 않다
내 젊음도 한때는
세월의 한 장면일 뿐이다

제법 자리 잡은 눈가의 주름
조금은 의연해 질 수 있는
중년의 나이
가슴으로 삶을 볼 줄 아는 나이
어슴푸레 깨닫는 나이

—〈중년의 나이〉 전문

하늘은 해와 달, 무수한 별이 널려 있는 무한대의 공간이다. 별은 어둠이 있어야 더욱 빛난다. 어두운 세상을 밝고 아름답게 만드는 주인공이 바로 박혜자 시인이다.

표제작인 〈하늘 향해〉에서는 '이제 하늘 향해 기지개를 크게 펴라' 고 큰 꿈을 꾸라고 당부한다. 〈중년의 나이〉에서는 '맑고 파란 하늘처럼 산다는 건 어떤 이유도 없음' 이라고 달관한다. 젊음을 지나 중년의 나이에 도달한 화자의 의연한 자세가 읽힌다. 두 편의 시에서 하늘은 엄청난 차이를 보인다. 청춘에서 중년으로 껑충 뛰어넘은 인생의 파노라마를 펼쳐 보인다.

〈비 오는 날〉에서는 '비 오는 날, /하늘 한 번 쳐다보고/집을 나선다' 고 했다. 비가 오더라도, 힘들더라도 하늘 한 번 쳐다보는 희망을 갖겠다는 의지가 보인다. 〈향기로운 가을 길〉에서는 '텅 빈 가슴 가을 하늘로/심호흡 가다듬는다' 고 노래했고, 〈자기 대화〉에서는 '하늘은/똑바로 보나/거꾸로 보나/누워서 보나 하늘이다' 라고 노래한다. 물은 물이고 산은 산이듯, 하늘은 하늘이다. 〈삶의 무게〉에서는 '삶의 무게를/덜어내고 싶을 때가 있다//하늘도 무심하다고/느낀 적도 비일비재하다' 고 노래했고, 〈추억의 속삭임〉에서는 '평온한 일상에 늘어나는 나이/ 세월의 향기와 스치는 바람 /하늘을 휘젓는 공허함의 영혼/길을 잃은 채 서성인다' 라고 노래한다. 〈나에게 별은 영원한 표상〉에서는 '세상의 모든 /시름이 잊혀질 만큼 /하늘의 별을 보는 즐거움/오늘도 베란다 창문을 열고 /밤하늘에 별을 보며 대화를 나눈다' 고 했고, 〈오늘 아침〉에서는 '목마른 대지/빗방울에 그리움 싣고/해질녘 하늘 바람 그네를 탄다' 라고 노래한다.

이 밖에도 하늘을 소재로 노래한 시가 많다. 하늘을 그리워하기도 하고, 원망하기도 하고, 똑바로 쳐다보기도 하고, 하늘의 별을 보기도 하고, 밤하늘의 별들과 대화도 한다. 이처럼 하늘은 박혜자 시인의 애인이었다가, 친구였다가, 하늘 그 자체

였다. 반복해서 하늘을 우러르며, 하늘을 소망하며, 하늘 향해 끊임없는 애정을 보낸다.

박혜자 시인의 시들은 비가 그친 뒤의 맑은 하늘처럼 투명하고 정결한 시들이다. 난해하지 않고 단순 명료한 시들을 읽다 보면 잔잔한 울림이 전해진다. 이제 박혜자 시인에게 시는 꿈이 아니라 일상이 되었다. 박혜자 시인의 글(시)은 곧 박혜자 시인이다. 글은 바로 그 사람이니까.

시집 《하늘 향해》를 통해, 들꽃처럼 착한 노래가 되길 바라는 박혜자 시인의 겸손한 자세가 독자들에게 더 깊은 감동을 안겨 주리라 믿는다.

계간문예시인선 154

박혜자 시집 _ 하늘 향해

초판 인쇄 2020년 4월 10일
초판 발행 2020년 4월 20일

지 은 이 박혜자
회 장 서정환
발 행 인 정종명
편집주간 차윤옥

펴낸곳 도서출판 **계간문예**
편집부 03132 서울 종로구 삼일대로 30길 21 종로오피스텔 1209호
주소 03132 서울 종로구 삼일대로 32길 36 운현신화타워 305호
전화 02-3675-5633, 070-8806-4052 팩스 02-766-4052
인쇄 54991 전북 전주시 완산구 공북1길 16, 신아출판사
이메일 munin5633@naver.com
등록 2005년 3월 9일 제300-2005-34호
ISBN 978-89-6554-216-2 04810
ISBN 978-89-6554-118-9 (세트)

값 10,000원

이 도서의 국립중앙도서관 출판예정도서목록(CIP)은 서지정보유통지원시스템 홈페이지(http://seoji.nl.go.kr)와 국가자료공동목록시스템(http://www.nl.go.kr/kolisnet)에서 이용하실 수 있습니다. (CIP제어번호: CIP2020013034)